© Derechos de autor de Pamparam Libros para niños. Imágenes de Feepik.com o licenciadas para uso comercial. Todos los derechos reservados.

VEO VEO

ALGO QUE COMIENZA CON...

P

ALGO QUE COMIENZA CON...

E

VEO VEO

ALGO QUE COMIENZA CON...

VEO VEO ALGO QUE COMIENZA CON...

F

 elfín

ALGO QUE COMIENZA CON...

orro

VEO VEO

ALGO QUE COMIENZA CON...

B

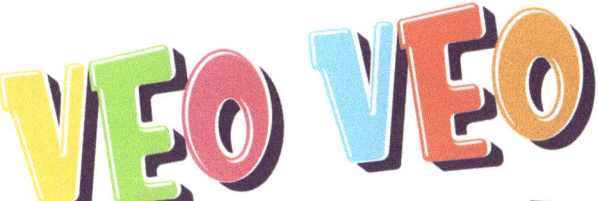

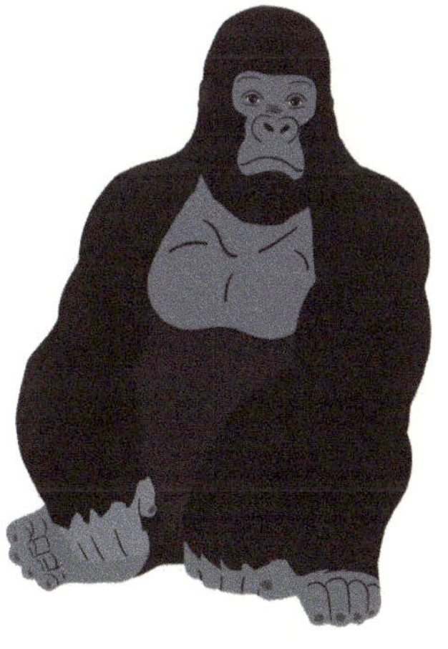

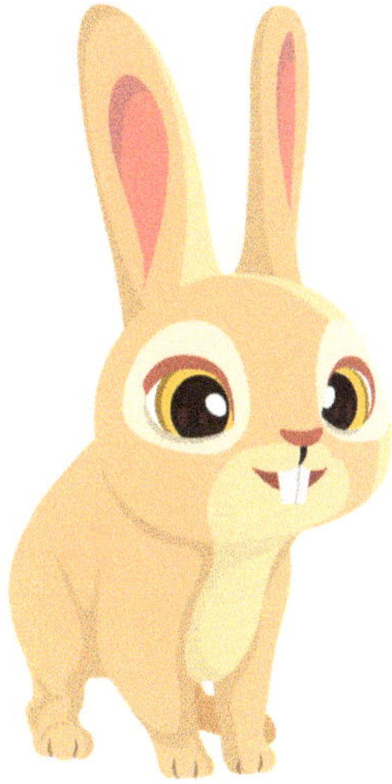

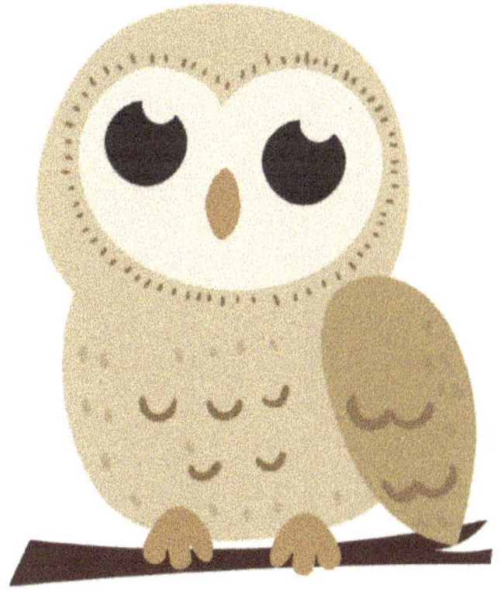

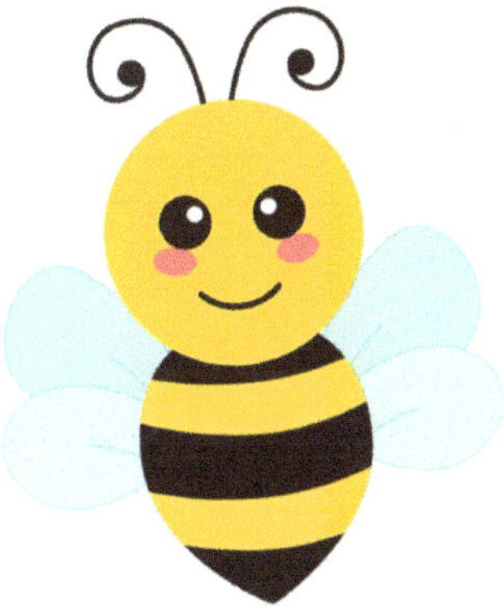

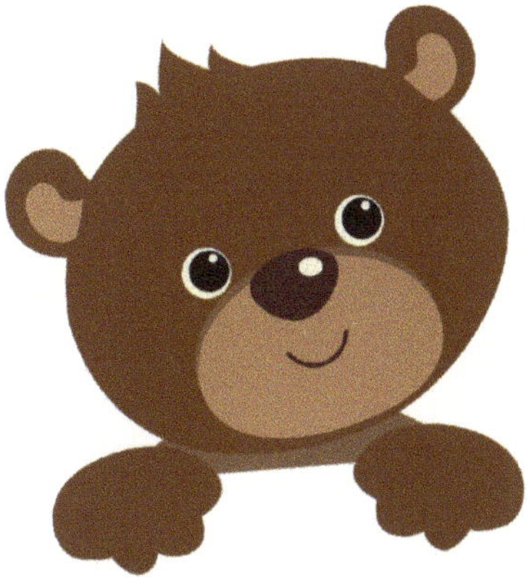

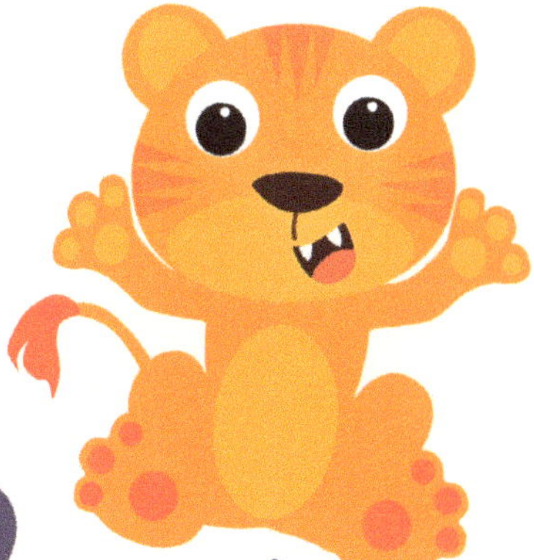

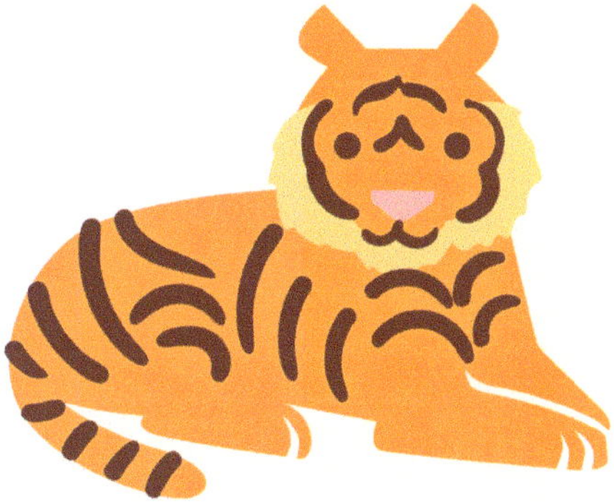

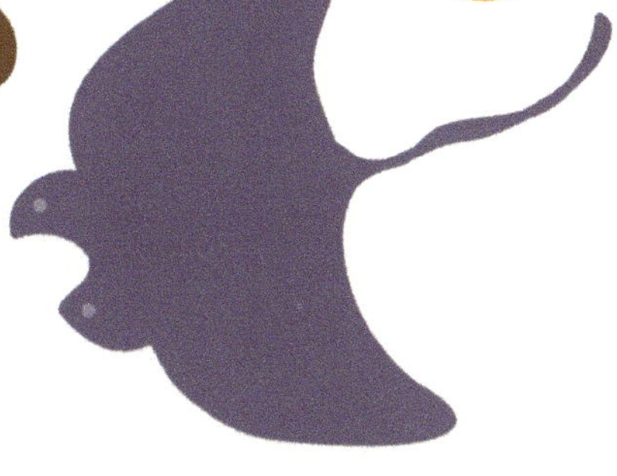

Búho

VEO VEO

ALGO QUE COMIENZA CON...

M

VEO VEO

ALGO QUE COMIENZA CON...

ligátor

Tigre

VEO VEO

ALGO QUE COMIENZA CON...

P

VEO VEO

ALGO QUE COMIENZA CON...

Jirafa

VEO VEO

ALGO QUE COMIENZA CON...

P

www.ingramcontent.com/pod-product-compliance
Lightning Source LLC
Chambersburg PA
CBHW040223040426
42333CB00051B/3431